तूलिका

इंद्रधनुष के रंग आ मिले भावों के संग

कुमुद पाठक

Copyright © कुमुद पाठक
All Rights Reserved.

This book has been self-published with all reasonable efforts taken to make the material error-free by the author. No part of this book shall be used, reproduced in any manner whatsoever without written permission from the author, except in the case of brief quotations embodied in critical articles and reviews.

The Author of this book is solely responsible and liable for its content including but not limited to the views, representations, descriptions, statements, information, opinions, and references ["Content"]. The Content of this book shall not constitute or be construed or deemed to reflect the opinion or expression of the Publisher or Editor. Neither the Publisher nor Editor endorse or approve the Content of this book or guarantee the reliability, accuracy, or completeness of the Content published herein and do not make any representations or warranties of any kind, express or implied, including but not limited to the implied warranties of merchantability, fitness for a particular purpose.

The Publisher and Editor shall not be liable whatsoever...

Made with ❤ on the BookLeaf Publishing Platform
www.bookleafpub.in
www.bookleafpub.com

समर्पण

तूलिका के रंगों ने किया भावों का स्पंदन,

कर जोड़ सृष्टि के रचनाकार को,

करती हूँ मैं नमन व अभिनंदन।

आभार

सर्वप्रथम मैं इस सृष्टि के रचयिता परम पिता परमेश्वर के प्रति अपना आभार व्यक्त करना चाहूँगी, जिनकी सकारात्मक ऊर्जा एवं आशीर्वाद ने मुझे कविता लिखने के लिए प्रेरित किया, मेरे माता-पिता, परिवारजन, बंधुजन, गुरुजन एवं मेरी पुत्री आर्शी, पुत्र शौर्य, पति श्री उदयशंकर पाठक जिन्होंने हमेशा मेरा साथ दिया, सहयोग किया और मुझे आगे बढ़ने में मेरी मदद की। 'बुकलीफ पब्लिशर्स' जिन्होंने मुझे अभिव्यक्ति के लिए मंच प्रदान किया, और अंत में, मैं उस खास व्यक्ति का आभार व्यक्त करना चाहूँगी जिनका सपना था कि मैं अपनी कविताओं का संकलन प्रकाशित करूँ और उसे एक नया रूप दूँ, जिन्होंने हर पल हर क्षण मेरा साथ दिया, मुझे प्रेरित किया, मेरी प्रेरणा स्रोत मेरी माँ स्वर्गीय लक्ष्मी तिवारी, जिन्हें भावों की श्रद्धांजलि के रूप में यह पुस्तक 'तूलिका' मैं समर्पित करती हूँ।

साभार
कुमुद पाठक

भूमिका

इस स्वतंत्र भारत में सभी को अपने विचारों को अभिव्यक्त करने की पूर्ण स्वतंत्रता है। इस अभिव्यक्ति के अंतर्गत मैं अपनी कुछ स्वरचित कविताएँ प्रस्तुत कर रही हूँ। अपनी कल्पना रूपी तूलिका उठाकर अपने भावों के रंगों से उसे सराबोर कर इन कागज़ के पन्नों पर उसे उतार दिया, एक चित्रकार की तरह, एक कुम्हार की तरह अपने मन में उठ रहे उद्वेलन को एक साकार रूप प्रदान किया है। यह आवश्यक नहीं कि आप मेरे विचारों से पूर्ण सहमत हों, किंतु इसका निराकरण मैं पाठकों पर छोड़ती हूँ। अपने विचारों को मैंने अपने तरीके से व्यक्त किया है, अब आप मेरे विचारों के साथ कितना सामंजस्य बना पाते हैं यह आप पर निर्भर है।

मूक समर्पण

ख़ामोश निगाहों से हमने देखा उस ओर,
अजीब सा मंज़र था चारों ओर,
थे फैले हुए बादलों के टुकड़े कुछ ऐसे—
हो चाहते कुछ कहना जैसे—
श्वेत मख़मल में लिपटा जैसे यह आकार,
थे कर रहे ज्यों हमारी भावनाओं को साकार।

क्षण उसी एक स्पर्श मलयानिल का,
कर गया मंथन हमारी अंतर्चेतना का
हो भाव विभोर निहार रहे थे उस नभ को,
सुनाई दी तभी प्रतिध्वनि एक—
थी गूँज स्वयं उन बादलों की—
जो सारहीन निरर्थक से भटक रहे थे उस नभ में।

मानों कुछ कहना चाहते हों जग से,
माना इस जीवन में है बहुत कुछ 'खोना और
पाना'
किंतु क्या मात्र मर्यादा है हमारी टुकड़ों में बिखर
जाना
करते हो हमारी परिसीमा यही, अगर तुम भी
स्वीकार
तो नियति हमें भी है यह अंगिकार।

नि:स्तब्ध हो सुन रहे थे हम उस करुणा से भरे
स्वर को,
परंतु निरुत्तर ही पाया स्वयं को—
थी साम्यता कदाचित हममें और उन मेघ खंडों
में
जिनका मूक समर्पण स्पष्ट ही कह रहा था
हमसे—
टुकड़ों में बँटने को हम तो थे लाचार,
परंतु पृथक रहना क्या तुमने भी कर लिया
स्वीकार?

तूलिका

मैंने देखा सोमवार की एक मृदुल संध्या में,
बहती हुई अमृत धारा के समीप,
श्वेत वस्त्र की सीमाओं में आबद्ध तूलिका
(नायिका)
कर में कुमुद और मालती के सुमन लिए
सृष्टि की रचना करने वाली माँ
आदिशक्ति के चित्र के समक्ष
पूजा करने में लीन है .....।

आँखें उसकी विशाल गहरी—
जिसमें सजे थे सपनों के रंग,
खिलखिलाते सपनों में ही खिलता उसका मृदुल
अंग,

नाम के ही अनुरूप, उसने मूक भाव से
उन क्षणों में बिखेर दिए थे ...
सत्यम, शिवम्, सुंदर प्रकृति के
कोमल एवं मनोहारी रंग।

रात यों कहने लगा मुझसे
चाँद गगन का......

घर के आँगन में बैठी चुपचाप
निहार रही थी निःस्तब्ध भाव से 'उसे'
गगन के उस चाँद को, चुपचाप एक कोने में खड़ा
जो मुझसे कुछ कहना चाहता हो,
मगर डरता है, कहने से कुछ बातें अपनी,
मैली ना हो जाए कहीं उसकी सफेद चाँदनी,
पर मूक भाव से बहुत कुछ कह दिया उसने
मुझसे,
शायद वह कहना चाहता था मुझसे—

नहीं आवश्यकता आज लोगों को उसकी शीतल
चाँदनी की,
क्योंकि 'वे' तो हो चुके हैं आदि हिंसा के आग में
जलने की,
शोलों पर चलने की, तूफान में घिरने की,
अहंवादिता सहने की, लड़ने और मरने की
नहीं बुझती प्यास अब 'उनकी' शीतल चाँदनी से,
बुझती है प्यास अब तो केवल रक्त के ही पान से।

सुनो! नहीं आवश्यकता अब लोगों को मेरी,
नहीं दे सकता खुशी उन्हें अब क्षण भर को भी।
यही प्रतिध्वनि उस निराकार व्योम में मैंने सुनी,
मैं हूँ अकेला-मैं हूँ अकेला-मैं हूँ अकेला।
मूक होकर भी भावनाएँ उसकी बोल उठी ...
उस रात...जो कुछ न कहकर भी
बहुत कुछ कहा गया था मुझसे।

साहित्य- संस्कृति- समाज

हो श्रेष्ठ संगम तीनों का जिस जहाँ में आज
सुसभ्य होने का पा सकता है वही अधिकार आज,
हो जिस देश में इन तीनों का सम्मिलन—
है क्षमता रखते वही कुछ करने का नया निर्माण।

प्रश्न उठता है अब यह एक—
कैसे ये तीनों चीज़ें हैं श्रेष्ठ,
कुछ मिलती-जुलती है इन तीनों की काया—
परंतु अपने आप में है इनमें बहुत कुछ समाया।

अर्थ है 'साहित्य' का स-हित हो जहाँ सबका हित।
है जिस देश का 'साहित्य' सुंदर
पैदा कर सकता है वही 'जागृति' लोगों के अंदर।
हो जिस देश की 'संस्कृति' सुंदर

पैदा कर सकती है वही 'कला रुचि' लोगों के
अंदर।

हो जिस देश का 'समाज' सुंदर
पैदा कर सकता है वही 'जीवन मूल्य' लोगों के
अंदर।
कुछ अलग होते हुए भी तीनों हैं अपने आप में
बिल्कुल अभिन्न—
हो अगर अभाव इन तीनों में से किसी भी एक
का—
भय है उस देश के टूट के बिखर जाने का।

आवश्यक है, सामंजस्य इन तीनों में—
छोड़ पाओगे तभी कोई अमिट छाप इस जग में—
अवश्य जानना चाहेंगे आप, जो बनाते हैं किसी
भी देश को महान
जी हाँ बिल्कुल वह है उसे देश की—
साहित्य, संस्कृति और समाज।

हे सखी ! आ ..

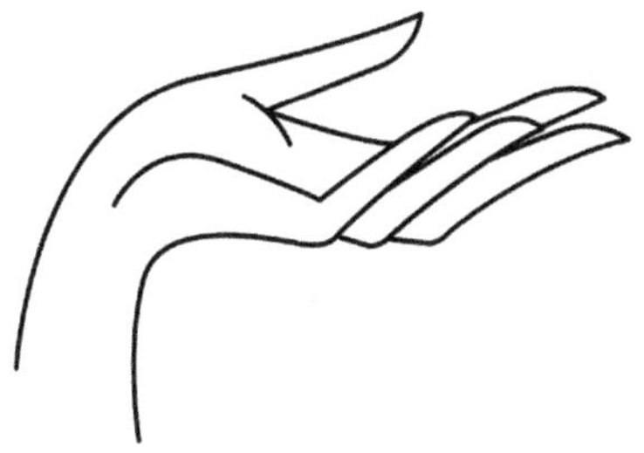

हाः मृत्यु का ऐसा अपार्थिव दर्शन,
न देखा मैंने आज तक कहीं,
अपने क्रूर पंजों से उसने पकड़ा है कितनों को,
निशाना बनाया है उसने अपना, कई बूढ़े लोगों
को।

इस क्रूर औरत के हृदय में नहीं है
दया का लेश मात्र भी नहीं आता है रहम इसे
किसी मासूम बच्चों पर भी।

काला वस्त्र धारण कर आई उस दिन वह और ....
एक-एक को ले गई साथ अपने।
बहुत चाहती थी रोकना उसे मैं,
चाहती थी सबके संतिर जाना मैं।

किंतु देखो हाय! मेरी यह विडंबना—
चाह कर भी उसे रोक न पायी थी।
चाहती थी प्रश्न करना उससे मैं एक—
कौन सुख मिलता है तुझे, हे सखी! इस
आर्तनाद से?
कौन सा मधुर संगीत सुनाई देता है—तुझे इस
क्रंदन में?

न जाने किस मिट्टी की बनी हुई है वह.....
न हँसती, न रोती, न खुश, न दुखी होती है वह।
लाती है अपने साथ हाहाकार, विभीषिका, शोक
अपरंपार।
दे जाती है परिजनों को दुख का महा संसार।

कहीं आमना-सामना हो जाए तो पूछूँ मैं एक
बार—
क्या सबके बदले मुझे ले जाना है उसे स्वीकार?
अगर संभव हो तो, हे सखी आ!
लगकर गले एक दूजे से—
हो जाएँ हम सर्वथा के लिए एकाकार।

प्यारे बापू !

आशा की नई किरण,
दी जगा लोगों के मन में,
विश्वास-आस की कड़ियाँ,
जुड़ गई लोगों के मन से,
सत्याग्रह हो या नमक आंदोलन,
रहे बापू आगे हरदम
अंग्रेजों को बाहर खदेड़ा,
दी देश को नई दिशा।

आज़ादी का मार्ग दिखाया,
अहिंसा का पाठ पढ़ाया,
देश प्रेम को गले लगाया,
चलो! आज करें यह प्रण हम सब
भूलेंगे न मार्ग, जो हैं बापू ने दिखलाए—
आओ हम सब मिलकर बापू को
श्रद्धांजलि के फूल चढ़ाएँ।

क्षण

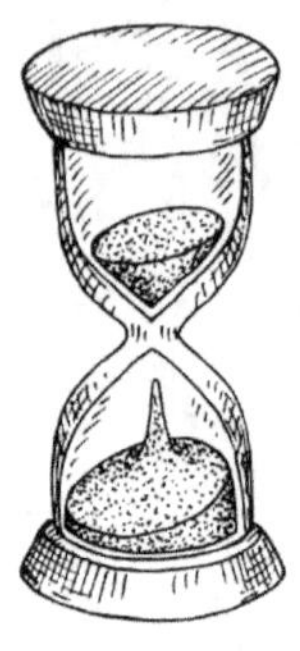

सीखो तुम 'क्षण' में जीना,
एक छोटे से 'क्षण' में भी है सामर्थ्य खुशियाँ देने
की,
जो नहीं पा सकते तुम पूरी ज़िंदगी प्रतीक्षा करने
पर भी,
तो क्यों ना दें हम महत्व उसे क्षण को,
जो दे सके हमें मुस्कान पल भर को।

इस संसार में न जाने अभी,
कितना कुछ है खोना और पाना,
तो आने वाले कल का क्यों करें इंतज़ार-
चलो, अब सीख लेते हैं प्रत्येक क्षण में ही जीना।

खुली किताब...

रहस्य तो कुछ भी नहीं है मुझमें
हूँ बिल्कुल खुली किताब की तरह
हर इंसान इस किताब को पढ़ ले—
होनी चाहिए पढ़ने वाली की बस एक पारखी
नज़र।

हूँ बिल्कुल सागर की लहरों की तरह,
जो देता है दूर से कुछ गहराई का आभास,
किंतु किनारे पर एक बच्चा भी,
कर सकता है साहस खड़े होने का।

हूँ बिल्कुल एक सहज सितार की तरह,
है अगर वह ज्ञाता तो कर सकता है,

सुमधुर ध्वनि भी उत्पन्न,
सचमुच रहस्य तो कुछ भी नहीं है मुझमें...
फिर क्यों लोग रहस्यमई कह संबोधित करते हैं
मुझे।

अटल सत्य

प्रतीत होता है यह संसार निस्सार सा,
अब नहीं रहा ज़रा भी आकर्षक यह संसार,
सब कुछ 'शून्य' सा प्रतीत होता है,
कहीं कुछ भी तो नहीं है—
किस पर करूँ मैं गर्व?

अपने हाड़-माँस से बने इस शरीर पर
यह भी तो सत्य नहीं,
केवल और केवल राख ही तो है—
यह शरीर मात्र।
क्या इस संसार में कुछ भी सत्य नहीं?

कौन देगा इसका उत्तर मुझे?
क्या अंतर मन में मेरे रहेगा गूँजता हमेशा यह
प्रश्न?
किसी ने हौले से मेरे प्रश्नों का दिया उत्तर—
'मुझे जानते हो,' उसने कहा—
'मृत्यु' ही तो है इस जीवन का अटल सत्य,
यहीं से होता है एक नया आरंभ।

बूँद

सोच रही थी बैठकर एक दिन,
है कितनी सार्थकता इस 'बूँद' में,
सिर्फ एक बूँद—
बिल्कुल निरर्थक सी होती है प्रतीत
सिर्फ एक बूँद।

लेकिन देखो सामर्थ्य इस बूँद का ज़रा,
है क्षमता इसमें करने का सागर निर्माण,
कितनी छोटी, अस्तित्वहीन सी बिल्कुल
सिर्फ एक बूँद—
किंतु निरंतर रहकर कर्मरत,
देती है संदेश लोगों को।

अपनी ऊर्जा का कर संचय
विजय प्राप्त कर सकते हो तुम,
हो सकते हो सामर्थ्यवान तुम,
कर सकते हो नूतन विश्व का निर्माण,
परंतु एकाएक नहीं—
धीरे-धीरे धीरे।

उदय

है शुभ्र वर्ण, कोमल काया बहुत कुछ है उसमें
समाया,
ज्ञान, बुद्धि और क्षमता का है समावेश,
है हृदय में ज्वालाओं का आवेश,
गंभीर मुद्रा में है गहन चिंतन दर्शन,
सर्वस्व अपना करने को अर्पण।

नई आभा और चमक आँखों में लिए
अरमानों की मोती पिरोए, हो चुका है सूर्य 'उदय'
आशा की किरणें संजोए, मुस्कान गहरी राज़ भरी
परिधियों को चीरती पहुँचती है उस ओर,
जहाँ है मंज़िल उसे दिखती।

महत्वाकांक्षाओं का अंबार लिए,
उम्मीदों का ज्वार लिए,
पहुँचों उस क्षितिज के पार,

सफलता कर रही है जहाँ तुम्हारा इंतज़ार।

'शुभकामनाओं' की वरमाला डालूँ मैं फिर एक
बार....
'अग्नि' में विश्वास की आहुति डालूँ, मैं फिर एक
बार....
'कामनाओं' के सात फेरे लूँ मैं फिर एक बार....
रिश्तों की मज़बूत डोर से 'गठबंधन' हो फिर एक
बार...

रहे साथ-साथ हर पल, हर क्षण,
चलो करते हैं यह प्रण,
सातों जन्म में मिलता रहे यही प्यार,
चलो माँगें यही आशीर्वाद, फिर एक बार।

सोपान

मंज़िल तक पहुँचना है तो,
हर इक 'सोपान' पर इस तरह चढ़ो कि
जीत तुमने हासिल कर ली हो ,
फिर बढ़ो आगे।

अभी बहुत कुछ है संजोना
सपनों को पिरोना, साकार करना।
फिर बढ़ो आगे।

रुकना न करो स्वीकार, बस यह सोचकर
कि मंज़िल मिल गयी है मुझे—
फिर बढ़ो आगे।

हर 'सोपान' पर चढ़ो इस तरह कि
पहुँचोगे तुम उस ऊँचाई तक
जहाँ तुम्हारी मंज़िल का अंतिम 'सोपान' है।

शून्य

भीड़ में खोई हुई सी चल रही मेरी ज़िंदगी,
पल में कुछ जाना सा पहचाना सा—
क्षण उसी लगने लगा कुछ अंजाना सा—
कैसी है यह विडंबना?

प्रतीत होता है पल-पल, हर क्षण भारी,
कहीं तो पड़े सुनाई आस्था का कोई स्वर—
अस्तित्व बोध ख़तरे में जान पड़ती है,
क्षण भर को मस्तिष्क कभी 'शून्य' में डूबता
उतरता।

हर जाने-पहचाने व्यक्ति में कहीं कोई है
अनजाना सा,
जैसे कोई व्यक्ति हो भीड़ में भी अकेला,

कैसी है यह अनिश्चितता, साथ ही
अस्तित्वहीनता।
कशमकश बढ़ती ही जा रही है।

उत्तर देने को कोई तो हो तैयार
या करना पड़ेगा यूँ ही इंतज़ार
हर चेहरे के पीछे छिपी यह भयंकरता
अब डर सा लगता है।

बंद कर लूँ आँखें, या रहने दूँ खुली—
फ़र्क क्या पड़ता है दोनों ही स्थिति एक सी है—
तो फिर किसे पुकारूँ?
जो अपना सा लगे पहचाना सा लगे,
छिपी हर चेहरे के पीछे कड़वाहट सी है।

अब मुझ पर भी असर छोड़ रही है,
कैसे यह स्थिति जी रही हूँ—
अनजाने चेहरों के बीच रह कर
ख़ुद से भी अंजान हो रही हूँ?

लमहें

लमहों की डोर पकड़कर चले आना,
यादों के उस सफ़र पर जहाँ,
कई सपने साकार होते नज़र आएँगे,
तो कई इच्छाओं का चूर होकर
मिट्टी में मिल जाने का भय होगा।

पल की ख़ुशी और इक पल का ग़म होगा—
तुम लमहों की डोर पकड़कर चले आना,
रास्तों में कई ऐसी इमारतें होंगी जहाँ,
कई कमरे यादों की ख़ुशबू से महकते होंगे।
घर का वह आँगन, हँसी की गूँज, खिलते फूल,
तुम लमहों की डोर पकड़कर चले आना।

बीते हुए हर पल याद आएँगे—
जब हम उसमें पूरी तरह समा जाएँगे।
निकलने का जी जब न चाहेगा
तो फिर एक बार तुम
लमहों की डोर पकड़कर चले आना।

स्वागतम् शुभ स्वागतम्

आसमाँ का नीलापन, सृष्टि की यह सर्जना,
गूँज रही है फ़िज़ा में सारी ,
आपके आने की है तैयारी,
करते हैं सुरमई गीतों से स्वागत हम आपका,
अभिवादन हम आपका,
स्वागतम् शुभ स्वागतम्।

फूलों की ख़ुशबू से महका है जग सारा,
कलियों ने महकाया आँगन सारा,
करते हैं फूलों से स्वागत हम आपका,
अभिवादन हम आपका,
स्वागतम् शुभ स्वागतम्।

माथे पर दे तिलक हम आपके,
हुए कृतार्थ और यह जग सारा।

दिव्य भाल यह खिला रहे।
शीतल चंदन से करते हैं—
स्वागत हम आपका,
अभिवादन हम आपका,
स्वागतम् शुभ स्वागतम्।

पखारें चरण कमल हम आपके,
मिले सौभाग्य हमें यह सारा।
हर्षित जल से करते हैं—
स्वागत हम आपका,
अभिवादन हम आपका,
स्वागतम शुभ स्वागतम्।

मनुष्य का अस्तित्व : मुट्ठी भर राख

तोड़ शरीर का पिंजड़ा उड़ बैठा है
मन का पंछी,
अब तो है बस उन्मुक्त गगन,
न कोई सीमा न कोई छोर,
बस उन्मुक्त गगन है चारों ओर।

लगा झाँकने विगत जीवन में
क्या पाया क्या खोया मैंने?
किया हाय! हाय! जीवन भर,
किंतु क्या पाया उसने अंतिम क्षण?

है स्वार्थ भरी यह दुनिया पूरी,
मोह-माया के बंधन में जकड़ी,
थे सजे हुए उम्र भर जो सपने,

अंत में छोड़ चले सब अपने।

क्या अपना है और क्या पराया
अंधकार का साया और गहराया—
अंत में कुछ भी हाथ न आया।
जीवन की इस सच्चाई से,
साक्षात्कार भी कर आया।

इक दिन शून्य हो जाएगी
काया तेरी—
बस रह जाएगी—
मुट्ठी भर राख की ढेरी।

कुछ क्षण रुक कर किया,
उसने सच्चाई से साक्षात्कार—
और फिर उड़ गया वह पंछी—
उस सीमाहीन गगन के पार।

एक तारा

दिखाई पड़ता है उजाला
तो कभी अंधकार चारों ओर,
है आच्छादित कोहरे से यह आसमान—

किंतु इस अंधकार में भी एक छोटा सा तारा—
जो सिर्फ़ मुझे दिख रहा है—
संघर्ष करता हुआ अपने अस्तित्व के प्रति।

होती है कभी जय तो कभी पराजय,
वह निरंतर लिप्त है कर्म में अपने
कभी डूबता कभी उतरता।

बहुत बार हुआ वह आहत इस संघर्ष में—
परंतु न जाने कौन सी थी शक्ति उसमें

अंततोगत्वा पा ही लिया विजय उसने।

चीरकर कोहरे से भरे आकाश को,
इक कोने में खड़ा मुस्कराता रहा,
अपने इस विजय अभियान पर, और फिर..

एक मूक संकेत मात्र, उसने मुझ से कुछ कहा—
न घबराना संघर्ष से कभी,
क्योंकि अंततोगत्वा
विजय तुम्हारी अवश्यक होगी।

जो न पेट होता

जो न पेट होता तो कुछ भी न होता,
ना मैं होती, न तुम होते, न होती उजड़ी बस्तियाँ,
न होते ये 'फाइव स्टार' होटल,
कभी न देखते हम लोगों की यह प्रवृत्ति—
दूसरों का पेट काट कर स्वयं पेट भरने की।

देखो तो ज़रा भाई! इस पेट की विडंबना,
इसने लोगों से न जाने क्या-क्या करवाए—
चोरी किया, डाका डाला—
क़त्ल किया, हिंसा भड़काई—
इक मात्र इस पापी पेट के ही वास्ते।

ये पेट नहीं जनाब—यह 'लालची पेटी' है,
जो कभी नहीं भरती है

जितना डालो, जितना ठूँसो फिर भी
सदा बनी रहती अतृप्ति है।

न जाने यह पेट और क्या करतब दिखलाएगा?
न चाहते हुए भी लोगों से न जाने क्या-क्या
करवाएगा?
लड़ते हैं, कटते हैं, मरते हैं इस पेट के वास्ते—
देते हैं रिश्ते-नातों को तिलांजलि इस पेट के ही
वास्ते,

अब आप ही बताएँ, क्या मैंने कुछ ग़लत कहा?
जनाब! जो न पेट होता...
तो सचमुच कुछ भी न होता।

ऊर्जा

याद आयी कल शाम अरसे से
भूली एक कहावत मुझे—
"जहाँ न पहुँचे रवि, वहाँ पहुँचे कवि,
है क्या बदा सूरज की नियति में—
होता वह उदय नित प्रति दिन,
भर इक नई चेतना लोगों के हृदय में,
अंततोगत्वा हो जाता है गुम कहीं अँधेरे में।

नहीं है उसका जीवन अपने लिए,
होता ही वह उदय औरों के लिए,
अपनी रश्मि को बिखेर भूमंडल में,
भर देता है नया जीवन इस जग में
संध्या बेला में फिर समेटकर,
अपनी रश्मि को अपनी भुजाओं में,

चल देता है वह एक नई दिशा में।

देखी है मैंने तुझमें एक नवीन
जीवनदायिनी ऊर्जा शक्ति,
जलाकर ख़ुद को रोशनी बिखेरने की,
कहाँ से लाए तुम इतनी ऊर्जा?
जिसे संसार ने किया है सहर्ष स्वीकार,
क्या अर्पण-समर्पण ही है तुम्हारा गहना?
तुम्हारे इस त्यागमयी जीवन का ख़याल जब-जब
आता है—
सच कहती हूँ, मेरा अंतर्मन..
तुम्हारे समक्ष नतमस्तक हो जाता है।

काँटा

लोग क्यों भागते हैं दूर मुझसे
क्या सचमुच इतना बुरा हूँ मैं?
क्या कर सकता हूँ?
जब भाग्य में मेरे यही लिखा हो—
स्वभाव तो कँटीला ही है मेरा,
किंतु ईश्वर ने स्व हाथों से ही
भाग्य लिखा है मेरा।

दिन-रात डटा हुआ हूँ मैं कर्मक्षेत्र में अपनी,
करता रहता हूँ रक्षा सदैव
अपने मित्रों की—फूलों और पत्तों की।
अगर छूता है कोई भी इन्हें ग़लत नीयत से,
करना पड़ता है उन्हें सामना पहले मुझसे

हाथों में चुभकर करता हूँ मैं उन्हें सावधान,
हूँ मैं इनका 'प्रहरी' रखना इसे सदा ध्यान।

किंतु लोगों ने देखा मुझे सदा घृणा की दृष्टि से
हुआ मैं सदा लोगों के कोप का भाजन।
किंतु क्या करूँ मैं, चुभना ही है मेरी नियति,
मैं जूझ सकता हूँ सबसे, सिवाय अपनी नियति
के,

मिले न मिले मुझे सहानुभूति आपसे,
मैं हूँ 'काँटा' लेता हूँ शपथ आज से
जो नहीं होगा ज़रा भी विचलित कभी,
अपने कर्तव्य पथ से।

प्रेम

ढाई अक्षर का यह शब्द,
कितना उज्जवल, कितना सार्थक-
है सात्विकता, सहजता और चपलता इसमें
कितनी है गहराई इस शब्द में,
पर सभी क्या समझ पाते हैं इसकी गूढ़ता को?

दी हैं कितनों ने परिभाषा इसकी—
क्यों न निकला कोई भी अर्थ मेरे उद्गार से?
किसी ने कहा—'यह केवल लेने की वस्तु है'
तो किसी ने कहा—'यह केवल देने की वस्तु है'
तो क्या सीमित है परिभाषा लेन-देन तक
इसकी?

कोई है जो समझा सके सही मर्म इसका मुझको?

होगी अवश्य पूरी एक दिन आशा मेरी,
दे सकूँगी इस प्रेम की स्वच्छंद परिभाषा अपनी,
सारी ज्ञानेंद्रियाँ मेरी हो जाएगी ज्योतिर्मान,
दे सकूँगी तब मैं विश्व को एक नया प्रेम स्वरुप
महान।

मंज़िल

वक़्त के हाथों ने किया ज़ख्मों को ज़र्द और ज़र्द,
रूहों के क़ाफ़िले से निकल आ पहुँचे ज़िंदा बस्ती
में हम,
मयस्सर न हुआ सुकून एक पल भी,
ये कहाँ आखिर आ पहुँचे हम?

समझ न सके कभी उस कारवाँ को
साथ जिसके बहुत दूर निकल आए हम,
एहसास दर्द का उभर आया महसूस हुई इक
चुभन मगर लहू कहाँ?
फ़ासला कभी न देखा इतना,
बग़ैर लहू के ज़ख्मों को देखा है मैंने।

अनजाने राहों पर ना भटक ऐ राही
तस्वीरों को भटकते देखा है मैंने।
रुक यहीं पास मेरे, होने दे महसूस ज़रा मुझे भी

क्योंकि छिपाकर दर्द लोगों को हँसते देखा है
मैंने।

गहराई मापने का पैमाना ही कुछ और होता है
नाप ले जो इसको इसमें कुछ ख़ास ही होता है
सच कहूँ तो ख़्वाब-हक़ीक़त को साथ-साथ
ज़ख़्मी होते देखा है मैंने।

ज़ख़्मों की बात न कर, ऐ मेरे दोस्त!
कहीं भर न आए दिल तेरा भी,
सोचकर जी घबराता है मेरा भी,
एक नाकाम कोशिश समझने और समझाने की
पहली बार ख़ुद को इतना बेबस देखा है मैंने।

समेट कर दायरे में अपने इस एहसास को,
तू चल दी न जाने किस ओर,
ठहर ज़रा ऐ मेरी मंज़िल—
दूसरों की खुशियों में तुझे
खुश होते देखा है मैंने।

चित्रकार

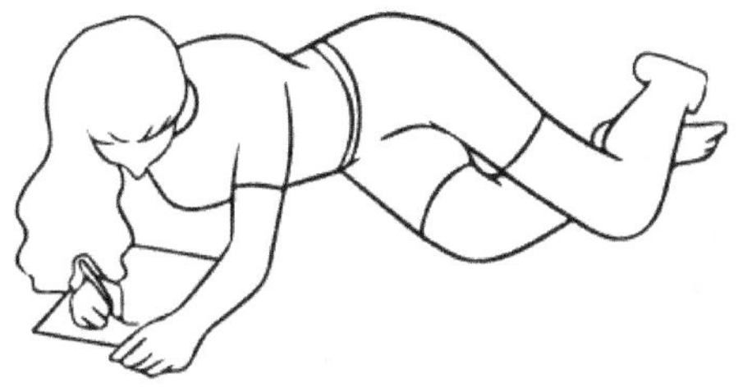

दुर्बल देह वाला एक व्यक्ति
नदी के तीर पर बैठा,
थी गतिशील उँगलियाँ उसकी।
पास जाकर मैंने किया ज़रा उस पर ग़ौर,
पड़ी हुई थी लकीरें तीन-चार उसकी पेशानियों
पर।

लेकर बाएँ हाथ में टुकड़ा कागज़ का
और दाहिने में तूलिका,
निर्विकार भाव से डूबा अपने कर्म में
कुछ गहन अध्ययन कर रहा था,
चल रहा था उसके अंदर विचारों का मंथन।

क्षण उस आँखें खुली और....
हाथों में हुआ उसके कुछ कंपन,
कुछ क्षणों में ही टुकड़ा कागज़ का,
भर गया आड़ी-तिरछी लकीरों से,

निहार कर बड़े ग़ौर से कागज़ के उस टुकड़े को,
छोड़ कर चल दिया वह अपनी राह को।

बढ़ आगे मैंने उठा लिया कागज़ के उस टुकड़े
को,
उन लकीरों ने मिलकर बनायी थी
एक सुंदर आकृति जिसमें एक कुर्सी को लेकर
कुछ लोग कर रहे थे खींचातानी।
पास वहीं एक दल लोगों का,
खोल आँखें अपनी देख रहा था,
मूकभाव से इन लोगों की मनमानी।

था स्पष्ट बहुत ही प्रतीक—
जहाँ दर्शकगण थे प्रतीक जनता के
तो लड़ने वाले कुर्सी के लिए
थे प्रतीक नेता के।
था सब कुछ स्पष्ट इस कागज़ के टुकड़े में।

रख दी उधेड़ कर सच्ची राजनीति,
इस कागज़ के टुकड़े ने,
देश की वास्तविक स्थिति का,
किया था उसने साक्षात्कार
मेरी दृष्टि में तो वह था सच्चा चित्रकार।

स्वाधीनता

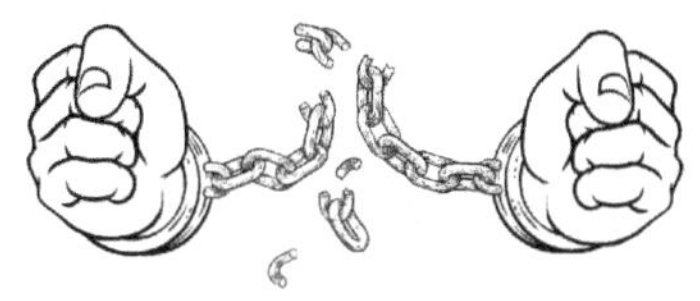

स्वाधीनता को हो गए 75 वर्ष
या हो जाएँ और सौ वर्ष,
पर न बदली है न बदलेगी
प्रवृत्तियाँ मनुष्य की।
है पड़ चुकी आदत इन्हें
ईर्ष्या के आग में जलने की,
लोभ-लालच में जीने की।
संतुष्टि से नहीं है कोई वास्ता
शारीरिक ही नहीं मानसिक विकारों से भी
न छूट पाया है नाता।

क्या करें बेचारे छूट नहीं रही इनकी प्रवृति,
सिद्धांतों और आदर्शों से है जन्मों का बैर
मृगतृष्णा में घिरा मनुष्य,
बेबस है अपनी प्रवृति से।
समय बीतता गया,
स्वाधीनता के पश्चात भी,
मनुष्य भला अपनी प्रकृति से
स्वतंत्र हुआ है कहाँ?

नाटक और ज़िंदगी

नहीं दिखाई देता मुझे कोई अंतर
इस नाटक और ज़िंदगी में,
ज़रा समझो इसे गौर से—
है कितना साम्य इस नाटक और ज़िंदगी में,
हर पात्र मंच पर निभाकर भूमिका अपनी
चल देता है नेपथ्य की ओर।

साकार उसी कलाकार का जीवन है
जो अभिनय कर छोड़ गया,
अपनी अमिट छाप लोगों पर।
नाटक के प्रमुख पात्र होते हैं सिर्फ़ एक या दो—
जो खींच लेते हैं लोगों का आकर्षण अपनी ओर।

किंतु अन्य पात्र भी होते हैं नाटक में
जो रह जाते हैं गौण,
किन्तु करते हैं वे भी अभिनय मंच पर
कोई मंच पर तो कोई,
यथार्थ के ठोस धरातल पर।

देखें अब हम किस तरह निभाते हैं
भूमिका अपनी—
हाँ मुझे मंच पर आना है,
अभी कुछ देर है बाक़ी।
चलिए! तब तक हम मिलकर यह सोचें
वास्तव में अंतर है क्या?
इस नाटक और ज़िंदगी में।

पैसा बोलता है....

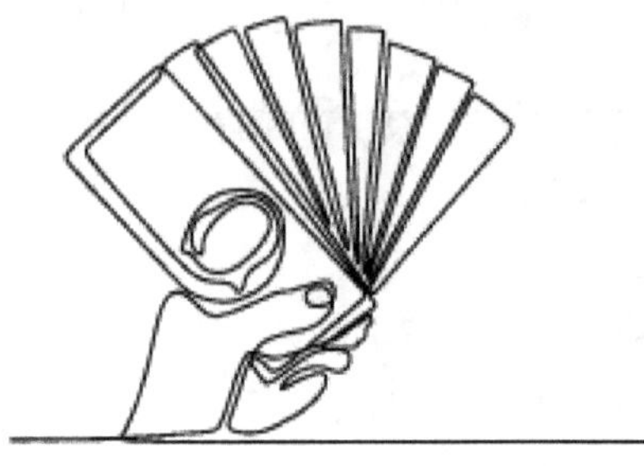

अहा! क्या बात है इस गुस्से की,
क्या कहूँ उसे, गुबार निकालने का बहाना,
या फिर उम्र का तकाज़ा या फिर कहूँ
इसे पैसों की ऊर्जा।

न सोचा था ऐसा भी वक़्त आएगा
पैसों का प्रभाव इतना गहराएगा।
दूँ क्या-क्या आपको ख़िताब अब तो
एक-एक पैसे का भी आप
रखने लगे हैं हिसाब।

रख दिया उठाकर रिश्ते-नातों को
ताक पर, लेकिन छोड़िए जनाब,
पहचानिए दुनिया के नए रंग को।

सुना था पर देखा न था प्रभाव इसका—
बख़ूबी गहरा रंग चढ़ा है, आप पर भी इसका।

भूल ही गए सारी तहज़ीब बात करने की,
परिवर्तन तो है प्रकृति का शाश्वत नियम,
लेकिन इतनी जल्दी कैसे हुआ यह परिवर्तन
अब पहले जैसे तो 'आप' नहीं रहे,
पर रहे जहाँ भी ख़ुश रहें,
सिवाय इसके अब हम और क्या दुआ करें।

दो मीटर सफ़ेद कपड़ा

मात्र दो मीटर सफ़ेद कपड़ा
जब किसी पार्थिव शरीर को ढकता है,
तब वह शव कहलाने योग्य बन जाता है।
जीवन काल में भले ही ना हुए हो
उसे चीथड़ों के दर्शन,
परंतु पश्चात मृत्यु के,
नए कपड़े पहनने का
सौभाग्य भी वह पाता है।

मैं पूछती हूँ प्रश्न आपसे एक—
जब कोई भिखारी अधनंगा
घूमता नज़र आता है सड़कों पर,
तब क्या किसी का दिल नहीं पसीजता?
क्या नहीं है सामर्थ्य लोगों में इतना भी,
तन ढकने को दे देते एक कपड़ा मात्र भी।

लेकिन हाय रे! समाज की यह विडंबना
सड़कों पर मारा-मारा फिरता वह मर्यादाहीन
सा—
उठो, नष्ट कर दो खोखले ये नियम समाज के
जो देते हैं उसे तन ढकने का भी अधिकार
किंतु क्या जानते हैं आप कब?
जी हाँ, पश्चात मृत्यु के।

मिलना-बिछड़ना

क्यों बैठे हो गुमसुम ऐसे?
खो गया हो कहीं कुछ जैसे।
मिलना-बिछड़ना बिछड़ कर फिर मिलना।
है दुनिया का दस्तूर यही।

एक बात पूछूँ?
सोचकर देना उत्तर मुझे—
'निराशा' न होती अगर तो
क्या मोल होता इस 'आशा' का?

अगर न झेलते तुम 'दुख' को
तो क्या पहचान पाते?
सही अर्थों में इस 'सुख' को।

अगर तुम न 'बिछड़ते'
तो क्या जान पाते?
अंतर्निहित अर्थ इस 'मिलन' के।
सुनो! ज़रा ध्यान से
जो चाहते हैं कहना—
धरती और गगन तुमसे।

मत हो हताश इतनी जल्दी,
ए मासूम से दिल
होगी अवश्य पूरी तेरी अभिलाषा।
'निराशा' की पूरक ही तो है 'आशा'

रख भरोसा खुद पर।
बिछड़े हो यदि आज तुम
तो कल अवश्य जा मिलोगे तुम उससे।

बिटिया रानी

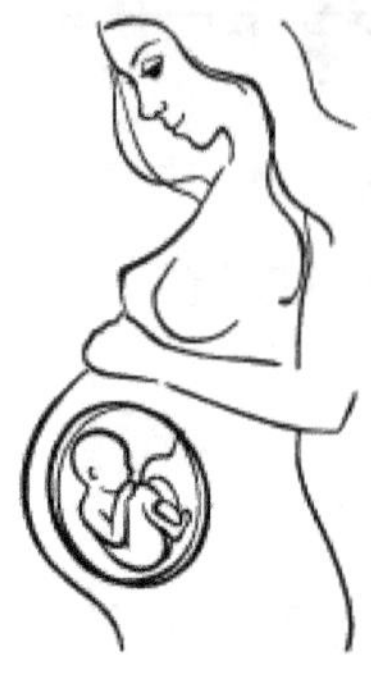

घर में छाया है विषाद चारों ओर,
लिया है बिटिया ने जन्म इस ठौर।
बढ़ा दी परेशानी माता-पिता की
पालने में झूल रही इस लाडली ने।

उसकी चपलता भरी आँखों में देख
सोचने लगे माता-पिता...
जुटेगा कैसे दहेज इसका?
कैसे करेंगे ब्याह इसका?

समाज में ब्याह लड़कों से कहाँ,
पैसों से होता है जनाब।
दूल्हा तो बिकता है—
है क्या सामर्थ्य तुममे ख़रीदने का?

पैसों की थैली ले करो
प्रवेश उस दुकान में—
जहाँ दूल्हा बिकता है...
प्रदर्शनी लगी हुई है—

ठेले वाला पचास हज़ार,
रिक्शे वाला साठ हज़ार
कार वाला एक लाख,
बिज़नेस वाला पाँच लाख
वक़ील आठ लाख,
डॉक्टर दस लाख
तो इंजीनियर है पंद्रह लाख।

अपने सामर्थ्यानुसार आओ और
और अपनी लाडली के लिए
वर खरीद ले जाओ,
तो यह है परंपरा 'दहेज' की।

है इस प्रथा से सभी परेशान,
चाहे वे गरीब हो या फिर
हो उनके पास कुबेर का ख़ज़ाना।

यही सोचते-सोचते पिता की पेशानियों से
ढलक कर पसीने की एक बूँद—
गिर पड़ी पालने में मुस्कुराती
उस नन्हीं सी बच्ची के मुख पर...

क्षण उसी बिटिया रानी का
मासूम सा चेहरा देख—
माता-पिता के मुरझाए चेहरे खिल उठे...
किंतु क्षण उसी निर्विकार भाव से
वे फिर से दहेज की चिंता में डूब गए...।

पापा मेरे प्यारे पापा

पापा मेरे प्यारे पापा
हैं हम बच्चों के दुलारे पापा,
कभी गुस्सा हम पर हो जाते,
तो कभी अपना प्रेम दिखाते,
हरदम कुछ नया सिखाते।

कभी अभ्यास कराने ले जाते,
तो कभी भोर में हमें जागते,
जोर-जोर से रनिंग कराते,
कभी जो थककर हम बैठ जाते,
चुटकी में हमारा हौसला बढ़ाते।
पापा मेरे प्यारे पापा।

कभी डाँटते कभी डराते
तो कभी खिलौना हमारा बन जाते,
कभी चेस के नियम बताते,
तो कभी कराटे कोच बन जाते,

और अगर हम कभी कहते
पापा पिज़्ज़ा खिला दो तो कहते—
पहले 10/10 लाकर तो दिखा दो।

और जब हम पूरा अंक ले आते,
तो कहते तुम दाल-रोटी और लौकी खा लो,
और 'पिज़्ज़ा -बर्गर' तो तुम भूल ही जाओ।
सुनते जब वह बात 'जी.के.' की
मेरे पापा खुश हो जाते।

और जब वह खुश हो जाते तो
'करंट अफेयर्स' और पढ़ाते,
'शिनचेन-डोरेमोन' जो हम देख लेते
'वाई-फाई' वह तुरंत कटवाते,
मिन्नत करने पर 'वाई-फाई' जुड़वाते,
और 'वाई-फाई' जुड़ते ही—
मेरे पापा उपदेशक बन जाते।

गलती जो हम अगर करते,
उसी क्षण हमारे गुरु बन जाते
गुरु पूर्णिमा का है आज अवसर—
करते हैं हम आपको शत-शत नमन।
हमारी आँखों के तारे पापा
दुनिया में हैं सबसे 'बेस्ट',
पापा मेरे प्यारे पापा।

www.ingramcontent.com/pod-product-compliance
Lightning Source LLC
LaVergne TN
LVHW050310210726
843507LV00020B/2662